AF285564

KLAUS-JÜRGEN WITTIG

HAUTACUPERCHE

BILDER
VON
LA GOMERA
KANARISCHE INSELN

BIBLIOGRAFISCHE INFORMATION DER DEUTSCHEN NATIONALBIBLOTHEK

DIE DEUTSCHE NATIONALBIBLIOTHEK VERZEICHNET DIESE PUBLIKATION IN DER DEUTSCHEN NATIONALBIBLIOGRAFIE; DETAILLIERTE BIBLIOGRAFISCHE DATEN SIND IM INTERNET ÜBER WWW. DNB.D-NB.DE ABRUFBAR.

IMPRESSUM:
ALLE RECHTE VORBEHALTEN
© 2011 KLAUS-JÜRGEN WITTIG BERLIN; WWW.KJWITTIG.DE
DRUCK UND VERLAG: BOOKS ON DEMAND GMBH, NORDERSTEDT
ISBN 978-3-8423-4509-6

MEMO
KALENDER
2012

ES IST FINSTERE NACHT, ALS DIE FÄHRE IN ST. SEBASTIANO ANKOMMT.
EIN MIETWAGEN, IN DEM ICH NACH LANGEM SUCHEN DEN
LICHTSCHALTER FINDE. HINAUF IN DIE BERGE. ENGE KURVEN, FELSEN,
LORBEERWALD, NEBELSCHWADEN. ES HÖRT NICHT AUF.
AM ANDEREN MORGEN HELLES LICHT. BERGE IN KRÄFTIGEN FARBEN,
VULKANISCHE BERGE.
UND DAS MEER. DER ATLANTIK, DER AN DAS SCHWARZE UFER
SCHLÄGT.
TAGE AUF DEN HOCHEBENEN. IN LORBEERWÄLDERN. AUF STEILEN
PFADEN ÜBER DEM MEER.
KLEINE BUCHTEN ZUM VERWEILEN.
UND IMMER WIEDER: DER HORIZONT VOM WASSER GERAHMT.

VUELTAS I 2011, 30X40CM

DEZEMBER/JANUAR

MO	26	2. WEIHNACHTSTAG	52
DI	27		
MI	28		
DO	29		
FR	30		
SA	31	SILVESTER	
SO	1	NEUJAHR	
MO	2		1
DI	3		
MI	4		
DO	5		
FR	6	HEILIGE 3 KÖNIGE	
SA	7		
SO	8		

VALLEHERMOSO I 2011, 36X48CM

JANUAR

MO	9	2
DI	10	
MI	11	
DO	12	
FR	13	
SA	14	
SO	15	
MO	16	3
DI	17	
MI	18	
DO	19	
FR	20	
SA	21	
SO	22	

LA MERCA I 2011, 30X40CM

JANUAR/FEBRUAR

MO	23	4
DI	24	
MI	25	
DO	26	
FR	27	
SA	28	
SO	29	
MO	30	5
DI	31	
MI	1	
DO	2	MARIÄ LICHTMESS
FR	3	
SA	4	
SO	5	

VALLEHERMOSO II 2011, 36X48CM

FEBRUAR

MO	6		6
DI	7		
MI	8		
DO	9		
FR	10		
SA	11		
SO	12		
MO	13		7
DI	14	VALENTINSTAG	
MI	15		
DO	16		
FR	17		
SA	18		
SO	19		

PLAYA DE ALOJERA I 2011, 30X40CM

FEBRUAR/MÄRZ

MO	20	ROSENMONTAG	8
DI	21	FASTNACHT	
MI	22	ASCHERMITTWOCH	
DO	23		
FR	24		
SA	25		
SO	26		
MO	27		9
DI	28		
MI	29		
DO	1		
FR	2		
SA	3		
SO	4		

PLAYA DEL INGLÉS I 2011, 36X48CM

MÄRZ

MO	5		10
DI	6		
MI	7		
DO	8		
FR	9		
SA	10		
SO	11		
MO	12		11
DI	13		
MI	14		
DO	15		
FR	16		
SA	17		
SO	18		

Vueltas II 2011, 36x48cm

MÄRZ/APRIL

MO	19		12
DI	20	FRÜHLINGSANFANG	
MI	21		
DO	22		
FR	23		
SA	24		
SO	25	SOMMERZEIT ANFANG	
MO	26		13
DI	27		
MI	28		
DO	29		
FR	30		
SA	31		
SO	1	PALMSONNTAG	

PLAYA DEL INGLÉS II, 30X40CM

APRIL

MO	2		14
DI	3		
MI	4		
DO	5	GRÜNDONNERSTAG	
FR	6	KARFREITAG	
SA	7		
SO	8	OSTERSONNTAG	
MO	9	OSTERMONTAG	15
DI	10		
MI	11		
DO	12		
FR	13		
SA	14		
SO	15		

VUELTAS III 2011, 30X40CM

APRIL

MO	16		16
DI	17		
MI	18		
DO	19		
FR	20		
SA	21		
SO	22		
MO	23		17
DI	24		
MI	25		
DO	26		
FR	27		
SA	28		
SO	29		

PLAYA DEL INGLÉS III 2011, 30X40CM

APRIL/MAI

MO	30		18
DI	1	MAIFEIERTAG	
MI	2		
DO	3		
FR	4		
SA	5		
SO	6		
MO	7		19
DI	8		
MI	9		
DO	10		
FR	11		
SA	12		
SO	13	MUTTERTAG	

PLAYA DEL INGLÉS IV 2011, 36X48CM

MAI

MO	14	20
DI	15	
MI	16	
DO	17	CHRISTI HIMMELFAHRT
FR	18	
SA	19	
SO	20	
MO	21	21
DI	22	
MI	23	
DO	24	
FR	25	
SA	26	
SO	27	PFINGSTSONNTAG

PLAYA DE ALOJERA II 2011, 30X40CM

MAI/JUNI

MO	28	PFINGSTMONTAG	22
DI	29		
MI	30		
DO	31		
FR	1		
SA	2		
SO	3		
MO	4		23
DI	5		
MI	6		
DO	7	FRONLEICHNAM	
FR	8		
SA	9		
SO	10		

VUELTAS IV 2011, 36X48CM

JUNI

MO	11		24
DI	12		
MI	13		
DO	14		
FR	15		
SA	16		
SO	17		
MO	18		25
DI	19		
MI	20		
DO	21	SOMMERANFANG	
FR	22		
SA	23		
SO	24		

PLAYA DEL INGLÈS V 2011, 36X48CM

JUNI/JULI

MO	25		26
DI	26		
MI	27		
DO	28		
FR	29		
SA	30		
SO	1		
MO	2		27
DI	3		
MI	4		
DO	5		
FR	6		
SA	7		
SO	8		

PLAYA DEL INGLÉS V 2011, 30X40CM

JULI

MO	9		28
DI	10		
MI	11		
DO	12		
FR	13		
SA	14		
SO	15		
MO	16		29
DI	17		
MI	18		
DO	19		
FR	20		
SA	21		
SO	22		

VALLEHERMOSO III 2011, 36X48CM

JULI/AUGUST

MO	23	30
DI	24	
MI	25	
DO	26	
FR	27	
SA	28	
SO	29	
MO	30	31
DI	31	
MI	1	
DO	2	
FR	3	
SA	4	
SO	5	

PLAYA DEL INGLÉS VI 2011, 56X77CM

AUGUST

MO	6	32
DI	7	
MI	8	
DO	9	
FR	10	
SA	11	
SO	12	
MO	13	33
DI	14	
MI	15	MARIÄ HIMMELFAHRT
DO	16	
FR	17	
SA	18	
SO	19	

VUELTAS V 2011, 36X48CM

AUGUST/SEPTEMBER

MO	20		34
DI	21		
MI	22		
DO	23		
FR	24		
SA	25		
SO	26		
MO	27		35
DI	28		
MI	29		
DO	30		
FR	31		
SA	1		
SO	2		

VUELTAS VI 2011, 56X77CM

SEPTEMBER

MO	3	36
DI	4	
MI	5	
DO	6	
FR	7	
SA	8	
SO	9	
MO	10	37
DI	11	
MI	12	
DO	13	
FR	14	
SA	15	
SO	16	

VUELTAS VII 2011, 36X48CM

SEPTEMBER

MO	17	38
DI	18	
MI	19	
DO	20	
FR	21	
SA	22	HERBSTANFANG
SO	23	
MO	24	39
DI	25	
MI	26	
DO	27	
FR	28	
SA	29	
SO	30	

PLAYA DE ALOJERA III 2011, 30X40CM

OKTOBER

MO	1		40
DI	2		
MI	3	TAG DER DEUTSCHEN EINHEIT	
DO	4		
FR	5		
SA	6		
SO	7		
MO	8		41
DI	9		
MI	10		
DO	11		
FR	12		
SA	13		
SO	14		

PLAYA DEL INGLÉS VII 2011, 36X48CM

OKTOBER

MO	15	42
DI	16	
MI	17	
DO	18	
FR	19	
SA	20	
SO	21	
MO	22	43
DI	23	
MI	24	
DO	25	
FR	26	
SA	27	
SO	28	SOMMERZEIT ENDE

PLAYA DE ALOJERA IV 2011, 56X77CM

OKTOBER/NOVEMBER

MO	29		44
DI	30		
MI	31	REFORMATIONSTAG	
DO	1	ALLERHEILIGEN	
FR	2		
SA	3		
SO	4		
MO	5		45
DI	6		
MI	7		
DO	8		
FR	9		
SA	10		
SO	11		

PLAYA DEL INGLÉS VIII 2011, 30X40CM

NOVEMBER

MO	12	46
DI	13	
MI	14	
DO	15	
FR	16	
SA	17	
SO	18	VOLKSTRAUERTAG
MO	19	47
DI	20	
MI	21	BUSS- UND BETTAG
DO	22	
FR	23	
SA	24	
SO	25	TOTENSONNTAG

LA FORTALEZA I 2011, 36X48CM

NOVEMBER/DEZEMBER

MO	26		48
DI	27		
MI	28		
DO	29		
FR	30		
SA	1		
SO	2	1. ADVENT	
MO	3		49
DI	4		
MI	5		
DO	6	NIKOLAUS	
FR	7		
SA	8		
SO	9	2. ADVENT	

LA FORTALEZA II 2011, 56X77CM

DEZEMBER

MO	10		50
DI	11		
MI	12		
DO	13		
FR	14		
SA	15		
SO	16	3. ADVENT	
MO	17		51
DI	18		
MI	19		
DO	20		
FR	21	WINTERANFANG	
SA	22		
SO	23	4. ADVENT	

San Sebastian I 2011, 36x48cm

DEZEMBER/JANUAR 2013

MO	24	HL. ABEND	52
DI	25	1. WEIHNACHTSTAG	
MI	26	2. WEIHNACHTSTAG	
DO	27		
FR	28		
SA	29		
SO	30		
MO	31	SILVESTER	1
DI	1	NEUJAHR	
MI	2		
DO	3		
FR	4		
SA	5		
SO	6	HL. DREI KÖNIGE	

LA GOMERA, PLAYA DEL INGLÉS, KANAREN

LA GOMERA, PLAYA DE ALOJERA, KANAREN

FSC
www.fsc.org

MIX

Papier aus ver-
antwortungsvollen
Quellen
Paper from
responsible sources

FSC® C105338

KLAUS-JÜRGEN WITTIG
GEB. 1938 IN BERLIN UND DORT NACH JAHREN DER WANDERSCHAFT
WIEDER ANSÄSSIG. STUDIUM DESIGN PARIS. AUSSTELLUNGEN IM IN-
UND AUSLAND. STUDIENFAHRTEN IN DIE MITTELMEERLÄNDER, SEIT
JÜNGSTER ZEIT AUCH IN NÖRDLICHE REGIONEN.